Ciclos de vida

# El ciclo de vida de un perro

por Jamie Rice

T0020442

Bullfrog
en español

# Ideas para padres y maestros

Bullfrog Books permite a los niños practicar la lectura de textos informativos desde el nivel principiante. Las repeticiones, palabras conocidas y descripciones en las imágenes ayudan a los lectores principiantes.

## Antes de leer
- Hablen acerca de las fotografías. ¿Qué representan para ellos?
- Consulten juntos el glosario de las fotografías. Lean las palabras y hablen de ellas.

## Durante la lectura
- Hojeen el libro y observen las fotografías. Deje que el niño haga preguntas. Muestre las descripciones en las imágenes.
- Léale el libro al niño o deje que él o ella lo lea independientemente.

## Después de leer
- Anime al niño para que piense más. Pregúntele: Los cachorros de los perros nacen en camada. ¿Qué otros animales nacen en grupos?

Bullfrog Books are published by Jump!
5357 Penn Avenue South
Minneapolis, MN 55419
www.jumplibrary.com

Library of Congress Cataloging-in-Publication Data

Names: Rice, Jamie, author.
Title: El ciclo de vida de un perro / por Jamie Rice.
Other titles: Dog's life cycle. Spanish
Description: Minneapolis, MN: Jump!, Inc., [2023]
Series: Ciclos de vida | Includes index.
Audience: Ages 5–8
Identifiers: LCCN 2022005020 (print)
LCCN 2022005021 (ebook)
ISBN 9798885240086 (hardcover)
ISBN 9798885240093 (paperback)
ISBN 9798885240109 (ebook)
Subjects: LCSH: Dogs—Life cycles
Juvenile literature.
Classification: LCC SF426.5 .R52618 2023 (print)
LCC SF426.5 (ebook)
DDC 636.7—dc23/eng/20220201

Editor: Eliza Leahy
Designer: Emma Bersie
Translator: Annette Granat

Photo Credits: cynoclub/Shutterstock, cover; ARTSILENSE/Shutterstock, 1; Liliya Kulianionak/Shutterstock, 3; Anke Van Wyk/Dreamstime, 4, 5; Serhii Akhtemiichuk/Dreamstime, 6–7, 23bl; Sandra Huber/Shutterstock, 8; Anna Hoychuk/Shutterstock, 9, 23br; LeventeGyori/Shutterstock, 10–11; Marina Olena/Shutterstock, 12–13, 23tr; Sigma _ S/Shutterstock, 14, 22l; Rita _ Kochmarjova/Shutterstock, 15; Tierfotoagentur/Alamy, 16–17; SvetikovaV/Shutterstock, 18–19, 23tl; otsphoto/Shutterstock, 20–21; Ermolaev Alexander/Shutterstock, 22r; Gelpi/Shutterstock, 24.

Printed in the United States of America at Corporate Graphics in North Mankato, Minnesota.

# Tabla de contenido

# Comer, dormir, jugar

¡Esta perra va a tener cachorritos!

Los cachorritos crecen dentro de ella.

¡Ella los carga durante 63 días!

¡Los cachorritos nacen!
Al grupo se le llama
camada.

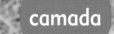
camada

Los cachorritos
son pequeñitos.

Ellos no pueden oír.

Tienen los ojos cerrados.

# Ellos toman la leche de mamá.

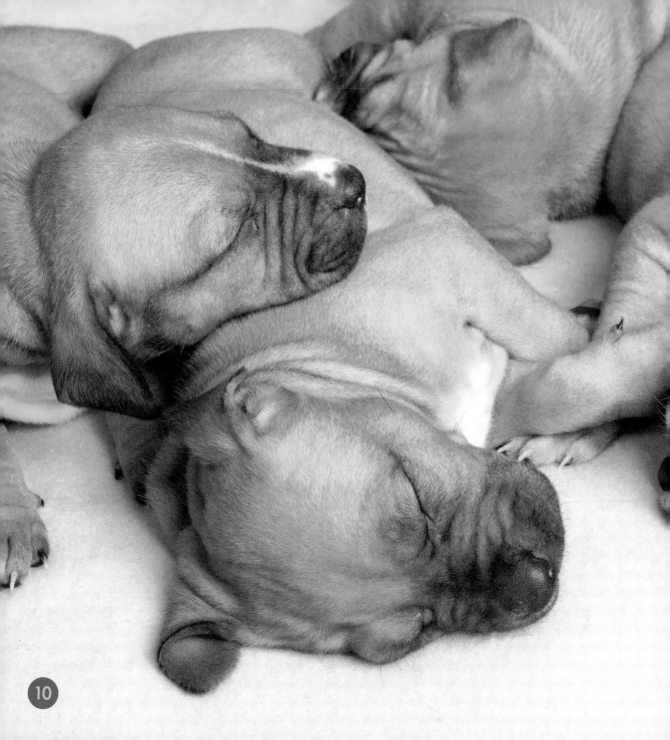

# Los cachorritos duermen.

Ellos crecen.

Se les abren los ojos.

Ellos pueden oír.

# Ellos empiezan a caminar.

¡Corren y juegan!

comida
de perro

# Ellos comen mucho.

Crecen mucho.

¡Este perro
cumplió un año!

Ahora es un adulto.

Los perros tienen sus propios cachorritos.

# El ciclo de vida de un perro

El ciclo de vida de un perro tiene solamente dos etapas.
¡Échale un vistazo!

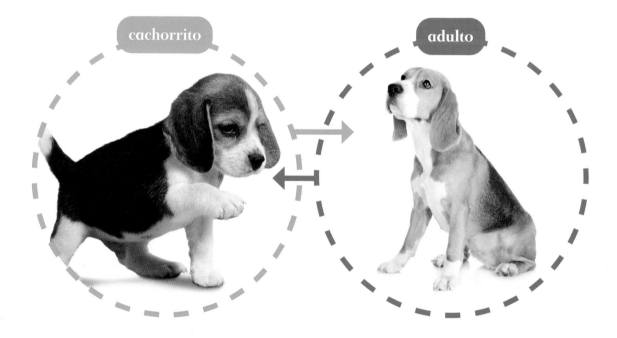

cachorrito

adulto

# Glosario de fotografías

**adulto**
Un perro que ha crecido completamente.

**cachorritos**
Perros que no han crecido completamente.

**camada**
Un grupo de animales bebés que nacen de la misma madre al mismo tiempo.

**leche**
El líquido blanco producido por animales hembras para alimentar a sus crías.

# Índice

# Para aprender más

**Aprender más es tan fácil como contar de 1 a 3.**

❶ Visita www.factsurfer.com

❷ escribe "elciclodevidadeunperro" en la caja de búsqueda.

❸ Elige tu libro para ver una lista de sitios web.